Bitcoin Blockchain & Co.-

Wie funktionieren die neuen digitalen
Währungen?

Eine Spielerei von Nerds,

oder der nächste logische Schritt?

Die Digitalisierung im Währungs- und
Bankensystem

Auflage 2017 November

ISBN-13: **978-1981919284**
ISBN-10: **1981919287**

Copyright © 2017

Email: mtabing@buch-autoren.de
Infos zu Impressum:
Martin Tabing
c/o Autoren.Services
Zerrespfad 9
53332 Bornheim
Gestaltung : Martin Müller
Bilder: Pixabay Photo Photography
Shutterstock Photography

Martin Tabing

Bitcoin Blockchain & Co.-

Wie funktionieren die neuen digitalen Währungen?

Eine Spielerei von Nerds,

oder der nächste logische Schritt?

Die Digitalisierung im Währungs- und Bankensystem

Inhaltsverzeichnis

Vorwort und Allgemeines

Kryptowährungen, Bitcoin, Blockchain, diese Begriffe tauchen immer häufiger in den Medien auf. Auf einigen Shopseiten sind sie sogar unter den Zahlungsmöglichkeiten zu finden. Es gibt einen regelrechten Hype um Kryptowährungen, manche nennen sie die Revolution auf dem Geldmarkt, andere halten sie für eine Goldgrube. Bevor Sie eine Entscheidung treffen, Bitcoins etc. zu kaufen oder nicht, sollten Sie sich gut informieren. Auch das Geschäft mit Kryptowährungen ist mit Risiken behaftet. Informieren Sie sich über die Vorteile und die Nachteile, die Ihnen entstehen. Erkunden Sie, ob Sie die Risiken zu tragen bereit und in der Lage sind. Eine finanzielle Aktion sollte niemals ihre wirtschaftlichen Grundfesten angreifen. Wenn in diesem Buch von Bitcoins die Rede ist, sind damit ebenso die anderen Kryptowährungen gemeint. Bitcoins haben inzwischen einen Marktanteil von fast 50 Prozent und stehen damit hier „pars pro toto", also für alle Kryptowährungen stellvertretend. Wenn Bitcoin als spezielles Produkt gemeint ist, ist es im Text fett geschrieben. Vergleichen Sie die einzelnen Währungen, Marktplätze und Angebote, bevor Sie in Kryptowährungen investieren. Finden Sie das für Sie beste Angebot und bleiben Sie geduldig. Auch Kryptowährungen brauchen Zeit, sich zu entwickeln. Vergleichen Sie die aktuelle Situation der betreffenden

Währung und auch die verschiedenen Anbieter der Handelsplattformen. Einige bieten nur den Handel oder Kauf einer Kryptowährung an, andere sind mit mehreren Kryptowährungen am Markt. Sie sollten auch bedenken, ob Sie mit einer Mindestinvestitionssumme gut bedient sind. Zum Testen reichen auch kleinere Beträge und ohne ein Handelsminimum bleiben Sie flexibler. Informieren Sie sich regelmäßig über die Entwicklung in dieser Branche, denn nur, wenn Sie up to date sind, werden Sie erfolgreich mit Kryptowährungen sein.

Einleitung

Geld beschäftigt die Menschheit seit langen Zeiten. Dabei hat die Form in der Vergangenheit immer wieder gewechselt. Begann die Menschheit mit der berühmten „Kerbe im Holz", um Verbindlichkeiten festzuhalten und zur gegebener Zeit auch einzufordern, so haben sich in der Neuzeit leichtere und vor allem leichter zu berechnende Zahlungsmittel etabliert. So wissen heute alle darum, dass die Menschheit ihre Handelstätigkeit mit dem Tauschen von Gütern abwickelte, bevor die Münzen ins Spiel kamen. Mit der Entstehung der Währungen entstand auch die übergeordnete Kontrolle über das Finanzsystem. Es gab eine zentrale Stelle, die die Oberherrschaft über das Geld hatte. Die Tatsache, dass das Münzrecht im Mittelalter an harte Bedingungen geknüpft war und peinlich genau kontrolliert wurde, spricht für diese These. Bald schon wurde auch Papier genutzt, um Geldgeschäfte zu dokumentieren. In der Gegenwart verfügen wir über Geld, das nur „auf dem Papier" existiert und dem Geld, das wir in physischer Form bei uns tragen können. Wir haben über das Bargeld hinaus noch Speicherorte, genannt Konten, oder Depots, an denen wir unser Geld lagern, bis wir es abrufen wollen oder müssen. Dabei ist wissenswert, dass wir bestimmte Summen Geld nicht ohne vorherige Anmeldung des Betrages vom Geldinstitut holen können. Obwohl es das Geld des Verbrauchers ist, wird es oft so deponiert, dass der Verbraucher auf sein eigenes Geld warten muss. Hinzu kommt noch, dass die Verwaltung unserer

Geldvorräte in den klassischen Währungen wiederum Gebühren kostet. Wir verlieren also Geld, während wir unser Geld verwalten lassen. Während wir unser Geld deponieren, stellen wir es gleichzeitig zur Verfügung, um den Banken mit unserem Geld Geschäfte zu erlauben. Je erfolgreicher eine Bank, umso mehr wird aus dem Geld ihrer Kunden. Wenn eine Bank Misswirtschaft betreibt, kann das alle oder einige Kunden hart treffen.

Geldgeschäfte haben immer auch mit einem direkten Vertrauen zu tun, dass der Kunde zu seinem Institut haben muss. Bankenkrisen und wirtschaftliche Herausforderungen in der Euro-Region haben dieses Vertrauen strapaziert. Inzwischen werden auch Stimmen laut, die sich über die starke Kontrolle des Verbrauchers hinsichtlich seiner persönlichen Geldgeschäfte Gedanken machen. Spätestens seit Inkrafttreten des Geldwäschegesetzes ist keine finanzielle Transaktion mehr auf anonymer Ebene möglich. Selbst der Verbraucher, der keinerlei kriminelle oder unrechte Handlung zu verbergen hat, fühlt sich unwohl bei dem Gedanken, wirtschaftlich ständig und in jeder Hinsicht kontrollierbar zu sein. Durch die digitalen Innovationen, die in den letzten Jahrzehnten auf unsere Gesellschaft einströmten, haben Daten gegenüber materiellen Komponenten an Bedeutung gewonnen. Viele Lebensaspekte, die Menschen bis zum Beginn der Digitalisierung in den Händen halten, anfassen und sehen mussten, sind inzwischen digitalisiert und damit in Rechenzentren oder auf Datenträgern gespeichert. Das führt zu einem Raumgewinn. Bücher, Musikträger, Filme und Spiele haben den Anfang gemacht. Statt eines teuren Bücherregals im Wohnzimmer, liegt heute ein E-Reader auf dem Tisch, auf dem sich hunderte von Büchern befinden, die nur darauf warten, gelesen zu werden. Mit Musik sieht es ähnlich auf. Der moderne Mensch hat keine Schallplattensammlung mehr, sondern einen Streaming-Dienst. Da ist es nur logisch, hinsichtlich des Geldes ebenfalls nach Möglichkeiten der Digitalisierung zu suchen. Da mit der Digitalisierung auch einhergeht, dass weniger zentrale Verwaltungen notwendig werden, werden digitale Dienste vom Verbraucher als preisgünstiger empfunden. Zudem ergibt sich aus vielen digitalen Lösungen auch das Gefühl von mehr Privatsphäre.

Neben dieser logischen Entwicklung vom materiellen Gegenstand zum Datensatz gibt es noch eine weitere Veränderung, die die Kryptowährungen, allen voran die Bitcoins, so bedeutsam und zukunftsfähig machen. Das Internet, allem voran das Web 2.0., hat die Menschen näher zusammengebracht. Es sind Communitys und Initiativen zwischen Menschen entstanden, die sich bisher fremd waren und sich ohne Internet kaum begegnet wären. Es sind Interessengruppen entstanden, die zusammen für oder gegen etwas eintreten und sich in gemeinsamer Verantwortung um gesellschaftliche Veränderungen bemühen. Die Entwicklung auf dem Geldmarkt hin zu Kryptowährungen, die via Blockchain-Systeme verwaltet werden, passt genau in dieses Bild. Eine Gemeinschaft, die zusammen auf das Geld jedes Einzelnen aufpasst ist fast so zu sehen wie eine digitale

Bürgerwehr, die das Eigentum gemeinsam verwaltet und beschützt. Manche Experten nennen die Kryptowährungen das Geld der Zukunft. Ganz verwegene Visionäre sprechen von Bitcoins als der Weltwährung der Zukunft bereits ab 2018. Viele Aspekte von Bitcoins und anderen Kryptowährungen passen besser in die moderne Zeit als das klassische Geld, wie wir es kennen. Die starke Community und deren Selbstverwaltung ohne Zentralisierung sprechen dafür, dass Kryptowährungen im Trend der Web 2.0.-Zeit liegen. Einfach, sicher und anonym passen Bitcoins hervorragend zu Smartphone und Co. Der Umgang garantiert Unabhängigkeit von Dritten, das wiederum wird als zusätzliche Freiheit genossen. Die bargeldlose Zahlmöglichkeit hat den Weg dafür bereitet. Wir haben uns an das Zahlen via Internet und auch via Smartphone gewöhnt. Bargeld ist noch vorhanden, steht aber nicht mehr als einzige Option zur Verfügung. Aus „bargeldlos" könnte „bankenlos" werden. Die Stimmen, die diese Entwicklung vorhersagen, mehren sich derzeit. Warum die Kryptowährungen gerade jetzt in den Focus geraten und was das mit dem Vertrauen in den Euro zu tun hat, wird das nächste Kapitel zeigen.

Geschichte der Kryptowährungen

Wie konnte es dazu kommen, von Banken und Staaten unabhängige Währung zu entwickeln? Brauchen wir zusätzlich zu Euro und anderen Währungen, Fonds, Aktien und Schatzbriefen noch Bitcoins und Co.? Alternative Währungen bilden Alternativen, doch wozu genau? Was ist die Ursache dafür, dass Menschen auf die Idee kommen, eigenes, alternatives Geld zu entwickeln?

Um diese Fragen zu beantworten, ist ein Blick in die jüngere Vergangenheit wichtig. Die Medien berichten nahezu ununterbrochen von einem Sinken der Reallöhne und steigenden Abgaben. Bisherige Vorteile für die Nutzer der sozialen Systeme schwinden. Die Krankenkassen fordern bei steigenden Beitragszahlen höhere Beiträge, die ewige Diskussion um die Sicherheit der Renten will kein Ende nehmen. Bildung und Kultur stehen auf der Liste der zunehmenden Einsparungen. Noch dazu erleben wir, dass unsere Währungsgemeinschaft, die EU, nicht mehr für alle Mitgliedsstaaten attraktiv ist, ein starker Partner wie Großbritannien wird aussteigen, schwache Länder wie Griechenland werden von Armut überrollt. Das Vertrauen in die eigenen, klassischen Währungssysteme hat in den vergangenen Jahren gelitten. Dabei ist besonders die Angst vor Inflation zu nennen. Die Pleitemeldungen mehrerer europäischer Staaten haben die Bürgerinnen und Bürger Europas in Angst und Schrecken versetzt und hier und dort sicher auch

Existenzängste entstehen lassen. Spätestens mit den katastrophalen Armutsberichten aus Griechenland musste über den Erhalt der eigenen wirtschaftlichen Werte neu nachgedacht werden. Das entstandene Misstrauen führte dazu, dass vielen Menschen der Euro nicht mehr geeignet war, Werte zu sichern.

Die Umwandlung in Gold oder Immobilien schien ebenfalls nicht in jedem Fall sinnvoll und sicher. Gerade kleine Sparer, denen große Anlagebeträge gar nicht zur Verfügung stehen und standen, erleben Unsicherheiten bezüglich ihrer eigenen Sparguthaben. Der niedrige Zins ist nicht geeignet, Hoffnung auf Besserung entstehen zu lassen. Immobilienblasen und Krisen auf den Finanzmärkten sorgen dafür, dass die Menschen sich sichere Alternativen wünschen. Seit Beginn dieses Jahrhunderts wechseln Meldungen von drohender Inflation, drohender Deflation, Immobilienblasen und Bankenkrisen sich ab. Mehrere offizielle Studien haben belegt, dass das Vertrauen in Banken und Regierungen schwindet. Erstmals seit Ende des zweiten Weltkrieges werden die Bedeutung und der Wert als schwindend wahrgenommen. Bereits 1990 begannen die Überlegungen rund um die Frage des Wertes des Geldes.

Georg Simmel verfasste bereits 1898 die These, dass der Wert einer konventionellen Währung sich durch das Vertrauen des Menschen in die Währung selbst begründet. Allerdings muss nach Simmel zu diesem Vertrauen auch das Vertrauen in die Organisation hinzukommen, die das Geld ausgibt und seine Stabilität zu gewährleisten hat.

Die Zeitschrift „Handelsblatt" brachte im Jahr 2014 einen Hinweis auf das schwindende Vertrauen der privaten Anleger gegenüber ihren Banken. Außerdem sollen nach Handelsblatt die privaten Anleger fürchten, dass sich die Banken auf ihre Kosten bereichern könnten. Gemäß aktuellen Erhebung von Statista geben derzeit fast die Hälfte der Bundesbürger an, der Regierung nicht zu vertrauen (Stand 2016). Ein Misstrauen gegenüber den Regierenden beinhaltet zwangsläufig ein Misstrauen in die Finanzmärkte, da deren Verbindung zur Politik als eng empfunden wird. Wenn Politik auch über das wirtschaftliche Wohlergehen und die Sicherheit der Bürger entscheidet, ist Vertrauen in die Politik eine Voraussetzung für das Vertrauen in die bestehende Geldwirtschaft.

2013 wies Paul Kemp-Roberts darauf hin, dass die Menschen zunehmend Vertrauen in andere Zahlsysteme wie „Points" von Anbietern wie Amazon oder Starbucks legten. Seiner Ansicht nach würden Menschen ihr gesamtes Denken verändern, wenn sie erfahren, dass Geld digitalisierbar ist.

Bereits 1991 wurde die Grundlage für die Kryptowährungen gelegt, nur war dass Bewusstsein zu dieser Zeit noch nicht vorhanden. Die erste kryptografisch abgelegte Verkettung wurde von Stuart Haber und W. Scott Stornetta entwickelt. Einige Jahre später, 1998 arbeitete Nick Szabo auf dieser Grundlage an einem System für eine dezentrale digitale Währung. Er gab ihr den Namen „Bit Gold". Stefan Konst konnte 2000 eine umfassende Theorie zur kryptografischen

Verkettung vorlegen, die schließlich Grundlage für die heutigen Kontexte ist. Satoshi Nakamoto schließlich darf als derjenige betrachtet werden, der den Kryptowährungen, wie wir sie heute kennen, zum Durchbruch verhalf. Mit seinem White Paper, das er 2008 veröffentlichte, zeigte er eine Methode auf, ein verteiltes Datenbankmanagementsystem zu errichten. Auf der Basis dieser Innovation veröffentlichte er 2009 die erste Implementierung seiner **Bitcoin**-Software und war damit der Gründer des ersten öffentlichen Blockchain-Systems. Weitere folgten, so dass wir heute neben der bekanntesten und größten Kryptowährung **Bitcoin** schätzungsweise 3000 weitere Kryptowährungen vermuten dürfen.

Die wenigsten von ihnen spielen eine bedeutende Rolle auf den Finanzmärkten. Allerdings lässt sich nicht vorhersagen, wie sich die Situation entwickelt. Auch das System von Nakamoto wurde zu Beginn nicht wirklich ernst genommen. Das Internet kann aus einem kleinen Datensatz, der publiziert wird, eine große Welle werden lassen, wenn sich ausreichend User finden, die Interesse und Vertrauen zeigen.

Bitcoin – Kurze Erklärung einer Innovation im Geldwesen

Die Übersetzung des Wortes „Bitcoin" lässt bereits vermuten, worum es sich handelt. „Bitcoin" heißt nichts anderes als „digitale Münze". Damit ist bereits selbstverständlich, dass es sich um eine neue Entwicklung aus dem Bereich des Internets handeln muss. Neben der Bezeichnung Bitcoin ist auch die Abkürzung BTC gebräuchlich. Es gibt inzwischen begeisterte Stimmen, die diese digitale Währung, ohne physische Münzen oder Geldscheine, als die Währung der Zukunft sehen.

Dabei ist wichtig, die Vorteile und die Nachteile genau zu kennen, wenn man sich selbst in die Welt der Kryptowährungen wagen möchte. Grundsätzlich unterschieden sich Bitcoins von den klassischen Währungen kaum. Um die Neuerung auf dem Geldmarkt besser verstehen zu können, ist eine kleine Darstellungen der wichtigsten Eigenschaften hilfreich.

- Bitcoins haben, wie andere Zahlungsmittel auch, einen Wert, der sich aus dem Verhältnis zwischen dem Angebot und der Nachfrage bestimmen lässt.

- Bitcoins gelten als relativ fälschungssicher. Das verwendete asymmetrische kryptografische Verfahren gilt als so sicher, dass Fälscher allein aus Zeitgründen keine Zugriffsmöglichkeiten schaffen können.

- Bitcoins sind dafür bekannt, dass sie wegen des verwendeten Systems anonym sind und Zahlungen nicht verfolgt werden können.

- Bitcoins können ohne andere Finanzinstitute von Teilnehmer zu Teilnehmer gehandelt werden. Das Empfangen und das Senden von Bitcoins erfolgt entweder über eine lokal installierte Bitcoin-Software (Wallet genannt) oder über eine Onlineplattform. (Exchange genannt)

- Über Bitcoin-Geldautomaten kann eine Umwandlung von Bargeld in Bitcoins erfolgen. Die Bitcoins werden zeitnah via QR-Code auf ein Wallet überwiesen. (Diese Geldautomaten sind vereinzelt, schon in einigen Ländern verfügbar)

Welche Vorteile liegen in der Verwendung von Bitcoins und anderen Kryptowährungen für den Nutzer? Die oben genannten Eigenschaften verändern den Umgang mit Zahlungsmitteln erheblich. Anders als die bisherigen Währungen, die digital über die verschiedenen Anbieter in Online-Banking-Systemen verwaltet werden, gelten die Kryptowährungen als Fälschungssicher. Während ein Online-Account von einem Hacker geknackt werden kann, was ja oft genug passiert, können Hacker die Blockchain-Systeme der Bitcoins etc. kaum bedrohen.

Durch die große Community, die die Daten zur Verfügung hat, fallen Unregelmäßigkeiten sofort auf und können verfolgt werden. Lediglich die Wallets der Nutzer bieten eine Angriffsfläche für Hacker, aber dagegen kann man sich ausreichend durch sogenannte Hardware Wallets (kleiner, mobiler Stick auf dem die Daten verschlüsselt und Passwort geschützt gesichert werden) oder mehrere Passwörter (MFA) schützen.

Eben dieses Blockchain-System macht die Zahlungen und Geschäftsvorgänge anonym. Es wird nur mit Vorgangsnummern gearbeitet. Da keine Bank und auch kein anderes Institut in die Verwaltung involviert ist, sondern nur die betroffenen Personen, können Vorgänge nicht nachvollzogen und zurückverfolgt werden. Wegen des Fehlens der Institutionen fallen Gebühren weg, wie sie im Finanzbereich an Banken oder Institute zu entrichten sind. Das spart Kosten für den Verbraucher. Die gut entwickelte Technik der Bitcoin-Entwickler ist inzwischen eine Garantie dafür, dass über spezielle Geldautomaten Euro in Bitcoins umgewandelt werden können. Im Anschluss werden die Bitcoins mittels eines QR-Codes dem Wallet des Besitzers gutgeschrieben. So ist eine Verbindung zwischen den Kryptowährungen und den klassischen Zahlungsmitteln leicht möglich.

Bitcoin ist die bedeutendste Kryptowährung, die derzeit auf dem Weltmarkt positioniert ist. Sie hat einen

Marktanteil von fast 50 Prozent. Ethereum und Ripple folgen **Bitcoin**, wobei Ethereum fast 20 Prozent des Marktes ausmacht, Ripple nur noch etwa 5 Prozent (Stand 2017). Insgesamt haben Kryptowährungen im Oktober 2017 einen Marktanteil am Weltmarkt, der bei etwa 146 Milliarden US-Dollar liegt.

Blockchain – Erklärung eines neuen Systems

Die Basis für das Handeln und Agieren mit Bitcoins ist die Blockchain-Technologie. Dabei wird die Blockchain-Technologie unter Experten teilweise sogar als eine Art der Revolution gehandelt. Sie ist so spektakulär, weil sie eine neue Art des Denkens fordert und fördert.

Blockchain-Systeme können auf Mittelsmänner und Vermittler verzichten. Hier findet eine Emanzipation des Kunden statt. Er kann mit anderen Kunden handeln, ohne dass eine dritte Person involviert sein muss. Ein wenig erinnert die neue Welt der Kryptowährungen an die Zeit der Aufklärer rund um Emanuel Kant.

Die Blockchain-Systeme stellen eine bisher nicht da gewesene Unabhängigkeit her. Kryptografie ersetzt dabei jede Form der zentrale Institution. Man muss keine teuren und langwierigen Überweisungen mehr über das Online -Banksystem oder gar offline in einer Filiale vornehmen. Per Blockchain funktionieren Überweisungen in Sekundenschnelle und dabei preiswert und sicher. Geld wird von einem Teilnehmer zum nächsten transferiert, ohne dass eine Institution überhaupt davon weiß. Blockchain ermöglicht eine neue Form des „bar auf die Hand".

Die Vorteile, die durch immer neue und komplexere Gesetze für den Zahlungsverkehr verloren gegangen sind, sind plötzlich wieder da. Niemand muss mehr seinen

Personalausweis vorlegen und erklären, warum er eine Barüberweisung machen möchte. Die Höhe der Handelswerte ist (bisher) nicht begrenzt.

Freiwilligkeit und Transparenz sind die beiden großen Vorteile der Kryptowährungen. Niemand wird mehr Aktien über Börsen handeln, denn per Blockchain ist das auch von Person zu Person möglich. Diese Liste der Erleichterungen und Vereinfachungen ließe sich beliebig lang fortsetzen. Das Regeln finanzieller Angelegenheiten wird leichter und unkomplizierter, dabei auch anonymer und sicherer, wenn keine privaten oder auch staatlichen Institutionen dabei mit eigenen Anteilen vertreten sind.

Wie aber wird mit der Blockchain-Technologie eine so bahnbrechende Innovation erreicht?

Unter einer **Blockchain (Blockkette)** wird eine Datenbank verstanden, die dezentral und öffentlich alle Buchungen darstellt, die mittels der Bitcoin-Systeme anfallen und angefallen sind.

Dabei ist von großer Bedeutung, dass nicht ein einziges Rechenzentrum alle Prozesse speichert. Vielmehr entsteht diese Blockchain auf einem Netzwerk von Rechnern. Die User, die Rechenkapazitäten zur Verfügung stellen, sorgen dafür, dass die Menge an Einheiten der betreffenden Kryptowährung zunimmt.

Diese werden **Miner** genannt, und haben durch das Berechnen der nächsten Kette, (aktuell im 10 Minuten Rythmus bei Bitcoin) auch einen kleinen Benefit, denn es werden für das Fertigstellen des nächsten Blocks, BitCoins ausgeschüttet.

Die Blockchain wächst linear durch immer neue Blöcke, die durch die Beteiligten hinzugefügt werden. Das Besondere an Blockchain-Prinzip ist, dass jeder Rechner die gleiche Menge an Daten verwaltet. Alle Transaktionen über Bitcoins, die bisher jemals getätigt wurden, werden in dieser einen Datenbank verwaltet. Die Daten gehören der Gemeinschaft, es gibt keine übergeordnete Person oder Institution. Alle Teilnehmer sind mit den gleichen Befugnissen ausgestattet. Darin liegt ein demokratischer Gedanke dieser Technologie. Durch das Fehlen eines zentralen Verwalters gibt es keine Autorität, die über richtige oder falsche Vorgehensweisen entscheiden kann.

Richtig ist, was die Mehrheit richtig findet. Damit liegt die Kryptowährung genau im Trend der Zeit. Die Mehrheit entscheidet bereits in vielen Bereichen darüber, ob etwas gut oder schlecht ist. Ein gutes Beispiel dafür sind die Bewertungen, die auf Verbraucherportalen für Produkte und Dienstleistungen gesammelt werden. Außerdem ist das System nicht zu manipulieren und nicht zu hacken.

Ein Risiko entsteht erst, wenn ein Angreifer die Hälfte des gesamten Netzes unter seine Kontrolle bringen könnte. Das ist aber in der Praxis, bedingt durch die gegebene Transparenz, nahezu unmöglich. So können unseriöse Handlungen sofort von allen gesehen werden. Die Blockchain-Technologie wird nicht nur auf dem Finanzsektor genutzt. So soll der Staat Honduras darüber nachdenken, Grundbucheinträge über Blockchain für die Öffentlichkeit zugänglich zu machen und so vor Manipulation zu schützen. In Estland können Heiratsurkunden per Blockchain hinterlegt werden. Durch diese Innovation werden Informationen zu einem Besitz der Gemeinschaft und Kontrolle ist nicht mehr erforderlich.

Immer wieder wird auf das Potential von Blockchains hingewiesen. Geläufig ist gegenwärtig nur die Verwaltung der Bitcoins, doch die Einsatzgebiete sind nahezu unerschöpflich. Über Blockchain können Verkäufe und Einkäufe geregelt werden, Aktienkäufe und das Handeln mit Wertanlagen jeder Art.

Blockchains werden bereits von offiziellen Stellen genutzt, um zum Beispiel Dokumente zu sichern. Die innovativen Systeme sind als Systeme zur Dokumentensicherung bereits in vielen Bereichen im Einsatz. Urkunden wie Grundbucheinträge oder Aktien können über dieses System verwahrt werden, ohne dass hoher personeller Einsatz oder Kosten notwendig sind.

Man kann sich einen Block in einem Blockchain wie ein digitales Schließfach vorstellen. Hier werden Informationen abgelegt und versiegelt. Diese Blöcke bleiben, so sieht es das System vor, für alle Zeiten unveränderlich und für alle Teilnehmer einsehbar.

Jeder Block ist mit einem virtuellen Schlüssel versehen. Den Schlüssel hat der Inhaber der hinterlegten Daten. Wenn der Schlüssel verlorengeht, bleiben die Daten erhalten, sind aber ohne den individuellen Schlüssel nicht mehr nutzbar. Im Klartext heißt das, wenn in einem Block eine Urkunde über einen Grundstücksbesitz hinterlegt ist und der Inhaber den Schlüssel verloren hat, bleibt das Grundstück zwar erhalten, es kann aber weder verkauft noch auf eine andere Art auf einen anderen Nutzer übertragen werden.

Dieses System wird teilweise kritisch gesehen, weil Experten in Frage stellen, dass es auch mit einer größeren Zahl an Teilnehmern funktionieren kann. Teilweise befürchten IT-Spezialisten, dass bei Zunahme der Transaktionen so große Datenmengen entstehen, dass sie im bisherigen Blockchain-System nicht mehr oder zumindest nicht mehr schnell genug verarbeitet werden können.

2015 war die Summe aller Daten, die mit Bitcoin-Transaktionen erzeugt wurden, 50 Gigabyte groß. Wachsende Datenmengen könnten nicht mehr auf jeden Computer übertragen werden, der neue Bitcoins erzeugt oder bisher erzeugte Einheiten verwaltet. Das Wachstum geschieht rasant und könnte erfordern, dass das System verändert und vereinfacht wird. Wenn allerdings eine zentrale Verwaltung eingesetzt wird, die die Gesamtdatenmenge verwaltet, entsteht wieder das gleiche Problem wie bei den konservativen

Zahlungsmitteln. Nakamoto schlug für diese Situation vor, ein vereinfachtes Datensystem zu speichern, um Kapazitäten zu sparen. In der Datenmenge, die jedem Teilnehmer vollständig zur Verfügung stehen soll, liegt sicher eine große Herausforderung.

Wichtige Fragen und Antworten

Um eine Sicherheit im Umgang mit Bitcoins etc. zu erhalten, sollten die wichtigsten Fragen beantwortet werden. Die meisten Menschen haben zu Beginn eine Menge Fragen zu den Kryptowährungen. Die häufigsten Fragen werden hier beantwortet.

Wie viele Bitcoins gibt es?

Die Menge an **Bitcoins** ist auf 21 Millionen festgesetzt. Diese 21 Millionen Bitcoins werden nach und nach generiert, das Fachwort hierfür ist mining. Jedesmal, wenn Datenkapazitäten auf einem Rechner zur Verfügung gestellt werden, werden neue Bitcoins gemined. Experten gehen davon aus, dass erst im Jahr 2130 alle rechnerisch festgelegten **Bitcoins**, also 21 Millionen, im Umlauf sein werden. Durch die mathematische Begrenzung ist eine Inflation ausgeschlossen. Außerdem ist der Wert bei einer festgelegten Höchstmenge stabiler. Andere Kryptowährungen legen ihre eigenen Obergrenzen fest.

Sind Bitcoins fälschungssicher?

Bitcoins sind durch die Blockchain-Technologie relativ sicher gegen Fälschungen und vor allem gegen Diebstahl. Durch die Tatsache, dass alle Mitglieder der Community gleichermaßen als Kontrollinstanz fungieren, haben Betrüger oder Hacker kaum eine Chance, unentdeckt zu bleiben. Jede Manipulation steht immer unter dem Risiko, sehr schnell von einzelnen Teilnehmern an der Community entdeckt zu werden. Selbstverständlich kann auch die Sicherheit in diesem System nicht zu 100 Prozent garantiert werden. Die Sicherheit wird aber höher eingeschätzt als bei Systemen mit zentraler Steuerung.

Eignen sich Bitcoins als Geldanlage?

Bitcoins haben ebenso einen flexiblen einen Kurs wie konservative Währungen auch. Damit sind auch Bitcoins Schwankungen im Verkaufspreis und Ankaufspreis unterworfen. Aufgrund dieser Tatsache könnte man auf die Idee kommen, sie als Anlagewerte zu sehen. Der Kurs der Bitcoins ist inzwischen seit Beginn auf über 6000 Euro gestiegen. Das bedeutet 1 Bitcoin ist 6000 Euro wert (Schwankungen sind aber je nach angekündigten Neuigkeiten in größeren Schritten möglich, vor Monaten war der Kurs erst bei 2000 Euro je Bitcoin).

Das hat zur Folge, dass inzwischen nicht mehr nur mit ganzen Bitcoins gehandelt wird, sondern mit kleinen

Teileinheiten der betreffenden Kryptowährung. Das Gesetz gegen Geldwäsche gilt auch bei Kryptowährungen. Wie bei allen anderen Geldanlagen mit einem hohen Risiko gilt auch bei den Kryptowährungen, dass jeder nur das einsetzen sollte, was er im Verlustfalle auch verschmerzen könnte.

Wird der Kauf von Bitcoins mit Mehrwertsteuer belegt?

Wer eine Ware oder Dienstleistung kauft, zahlt in den meisten Staaten Mehrwertsteuer. Beim Kauf oder Verkauf von Bitcoins bleibt die Mehrwertsteuer allerdings außen vor. Im Oktober 2015 hat der europäische Gerichtshof Bitcoins als Währung eingestuft. Damit wird beim Kauf und Verkauf von Kryptowährungen keine Mehrwertsteuer berücksichtigt.

Besteuerung des Ertrages in Deutschland

Ja eine Steuer wird fällig beim Handeln mit Coins. Aber, nur wenn man innerhalb eines Jahres die gekaufte Währung wieder verkauft, analog zu anderen Währungen. (Freigrenze ist 600 Euro, ab dem 601 Euro wird der volle Betrag steuerpflichtig.) Hierzu wird das FIFO Prinzip angewandt, First in First out, heißt im

Klartext, die Coins die man verkauft, sind immer die, die zuerst eingekauft wurden.

Wie hoch sind die Gebühren beim Handel mit Kryptowährungen?

Die Höhe der Gebühren für das Handeln mit Bitcoins ist noch nicht einheitlich festgelegt. Daher lohnt sich ein Vergleich der verschiedenen Marktplätze. Die Gebühren kommen übrigens denjenigen zugute, die für das Mining Datenressourcen zur Verfügung stellen. Da Kryptowährungen immer dezentral verwaltet werden, gibt es keine zentrale Stelle, die die Gebühren erheben könnte. Zusätzlich wird auch bei einem Exchange, eine Gebühr für Transaktionen die darüber ausgeführt werden erhoben (Unterscheiden sich von Anbieter zu Anbieter).

Welche Vorteile bringt das Zahlen mit Bitcoins?

Transaktionen, die mit Bitcoins getätigt werden, können nicht rückgängig gemacht werden. Damit hat der Händler den Vorteil, dass der Kunde das Geld nicht zurückfordern kann. Außerdem ist eine Transaktion mit einer Kryptowährung innerhalb von Sekunden abgeschlossen, während Banküberweisungen einige Tage benötigen können. Ein weiterer wichtiger Vorteil ist die Anonymität, die die Kryptowährungen garantieren können.

Wie funktioniert eine Kryptowährung außerhalb des Internets?

Außerhalb des Internets Gar nicht. Mit Bitcoins und den anderen Kryptowährungen können Sie ausschließlich im Internet agieren. Wer mit Bitcoins arbeiten möchte, tauscht Euro in eine Kryptowährung und kann die erworbenen Währungseinheiten entweder im Netz wieder zum Handeln anbieten oder sie als Zahlungsmittel in den betreffenden Online-Shops verwenden.

Stimmt es, dass überwiegend Kriminelle mit Bitcoins arbeiten?

Nein, diese Aussage rührt daher, dass ehemals im DarkNet mit Bitcoins gehandelt wurde. Kryptowährungen sind absolut nicht illegal. Sie können selbstverständlich ebenso für kriminelle Machenschaften missbraucht werden, wie alles andere auch.

Welche Kryptowährungen gibt es?

Es gibt derzeit zwischen 1000 und etwa 3000 Kryptowährungen, wobei letztlich die ersten 10-20 (gemessen am Marktkapital) immer wieder medienwirksam auftauchen. Eine Kryptowährung ist wie ein neues Produkt darauf angewiesen, Käufer zu binden. Gelingt das nicht, wird die Kryptowährung sich nicht auf dem Markt behaupten können. Die 10 derzeit (November 2017) Kryptowährungen mit einem Marktanteil von mindestens 1 Prozent sind:

Bitcoin, gegründet 2009, hat eine Marktkapitalisierung in Höhe von über 122.000 Mio. US Dollar und Marktanteilen von über 48 Prozent. Die Größe beträgt etwa 159 GB.

Ethereum, gegründet 2015, hat eine Marktkapitalisierung in Höhe von über 28.000 Mio. US Dollar und Marktanteilen von über 19 Prozent. Die Größe beträgt etwa 61 GB.

Bitcoin Cash, gegründet 2009, hat eine Marktkapitalisierung in Höhe von über 10.000 Mio. US Dollar und Marktanteilen von über 6 Prozent. Die Größe beträgt etwa 150 GB.

Ripple, gegründet 2013, hat eine Marktkapitalisierung in Höhe von über 7000 Mio. US Dollar und Marktanteilen von über 5 Prozent. Die Größe ist nicht bekannt.

Litecoin, gegründet 2011, hat eine Marktkapitalisierung in Höhe von über 2000 Mio. US Dollar und Marktanteilen von über 2 Prozent. Die Größe beträgt etwa 9,3 GB.

Dash, gegründet 2015, hat eine Marktkapitalisierung in Höhe von über 2000 Mio. US Dollar und Marktanteilen von über 2 Prozent. Die Größe beträgt etwa 4,1 GB.

Neo, gegründet 2016, hat eine Marktkapitalisierung in Höhe von über 1700 Mio. US Dollar und Marktanteilen von über 1,5 Prozent.

NEM, gegründet 2015, hat eine Marktkapitalisierung in Höhe von über 1500 Mio. US Dollar und Marktanteilen von über 1 Prozent.

Monero, gegründet 2014, hat eine Marktkapitalisierung in Höhe von über 1300 Mio. US Dollar und

Marktanteilen von 1 Prozent. Die Größe beträgt etwa 12 GB.

IOTA, gegründet 2015, hat eine Marktkapitalisierung in Höhe von über 1100 Mio. US Dollar und Marktanteilen von 1 Prozent.

Ausblicke und Chancen

Viele halten Bitcoins und die anderen Kryptowährungen für eine logische gesellschaftliche Entwicklung. Die jüngeren Generationen lösen sich derzeit von den Strukturen, die nach dem zweiten Weltkrieg aufgebaut wurden. Sie hatten ihre Berechtigung in einer Gesellschaft, in der Opfer und Täter sich gegenseitig mit Tabuisierungen schonten und alle gemeinsam nach einer Autorität suchten, die Ordnung in die chaotische Nachkriegszeit brachte. Alles wurde so aufgestellt, dass es wieder einen geregelten Gang gab. Werterhalt stand für die Menschen, die Hunger und Armut erlitten hatten, ganz vorn. Viele hatten ihre vollständige Existenz eingebüßt. Ihnen war eine vertrauenswürdige, bevorzugt staatliche Institution wichtig, die ihnen das Gefühl gab, die schweren Zeiten seien endgültig vorüber. Der Mensch in der Gegenwart sollte nie vergessen, dass unsere Ur- und Ururgroßeltern zwei Weltkriege erlebt haben und daher kaum eine Chance auf ein sicheres Leben kannten. Die Generation Z, also diejenigen, die in den Jahren ab 2000 geboren wurden, sind weit weg von Existenzbedrohungen im öffentlichen Leben. Ihr Leben ist, zumindest in Mitteleuropa, weitgehend friedlich und gut versorgt verlaufen. Die eigenen Bedürfnisse nach medialer Freiheit und sozialen Netzwerken sind befriedigt. Das Häuschen im Grünen und die Goldbarren im Safe haben keine Bedeutung mehr. Sich selbst Reduzierung und dadurch persönliche Freiheit statt Überverantwortung ist das Gebot der Zeit. Zentralismen liegen der Generation Z nicht, individuelle Freiräume sind bedeutsam. Deshalb nimmt auch die Definition der eigenen Person über Besitz oder Position ab. Nicht umsonst betiteln Autoren die Generation Z als eine Gruppe der „Ichlinge". So sehen Experten die Möglichkeit, dass sich die Generation Z weiter von den vorherigen Generation löst und schließlich ein vollkommen eigenes System entwickelt, in dem sie lebt.

Kryptowährungen können das Bargeld nicht nur überflüssig werden lassen, sondern sogar ganz abschaffen. Die Vision von der Weltwährung, die in vielen Zukunftsfilmen dargestellt wird, könnte mit Hilfe von Bitcoins und Co. Realität werden. Es ist von großer Bedeutung, dass sich die konventionellen Geldinstitute und Komponenten der Wirtschaft dieser Neuerung nicht verschließen, damit sie den Anschluss nicht verpassen. Die aktuellen Meldungen zeichnen ein Bild von einem Erfolgsweg. Kryptowährungen sind längst in der Realität angekommen und beeinflussen nicht nur die Inhaber, sondern haben auch einen beträchtlichen Einfluss auf die bestehenden Systeme. So wurden beispielsweise bei dem Verkauf von virtuellen Münzen durch Start-Ups 2017 bereits 1,2 Milliarden Dollar eingenommen. Das ist mehr als die klassische Start-Up-Szene generieren konnte.

Aktiv werden mit Kryptowährungen

Jeder, der wirtschaftlich dazu in der Lage ist, kann und darf Bitcoins oder andere Kryptowährungen kaufen. Spezielle Portale (Exchanges) ermöglichen den Erwerb von beispielsweise Bitcoins gegen Euro. Diese Portale sind gleichzeitig auch die Orte, an denen ein Inhaber seine Bitcoins wieder verkaufen kann, wenn er möchte. Bisher gelten die Regeln des traditionellen Zahlungsverkehrs für Kryptowährungen noch nicht auf identische Art und Weise. Allerdings wird zum Handeln mit größeren Beträgen ein Nachweis der Identität gefordert. Die Anbieter von Handelsplätzen für Bitcoins erheben unterschiedliche Gebühren. Wer sich ganz neu mit dem Thema befasst, sollte die Anbieter miteinander vergleichen und herausfinden welcher der passende für ihn ist. Prinzipiell ist das Vorgehen sehr leicht zu verstehen.

Es wird ein Wallet (vergleichbar mit einem Konto oder einer Geldbörse) eingerichtet. Dieses Wallet enthält die Bitcoins, die Sie besitzen. Sie können mit diesem Wallet ähnlich agieren wie mit einem Bankkonto. Aus Ihrem Wallet heraus können Sie Bitcoins verkaufen und Sie können weitere Bitcoins erwerben. Die Kosten für ein solches Wallet sind bei jedem Anbieter anders. Es gibt keine Richtlinie für die Gebühren, die für die Einrichtung oder die Nutzung eines Marktplatzes entstehen.

Inzwischen gibt es bereits viele Online-Händler, die **Bitcoins** und andere Kryptowährungen als Zahlungsmittel akzeptieren. Wer mit Kryptowährungen arbeitet, sollte allerdings beachten, dass es starke Kursschwankungen geben kann und dass niemand gegen Verluste abgesichert ist. Hier gelten die gleichen Regeln wie für alle anderen Anlagemöglichkeiten auch. Ein Anleger sollte sich daher darüber im Klaren sein, dass auch Kryptowährungen keine Garantie für den großen Reichtum bieten. Jedes Finanzgeschäft bietet Chancen und Risiken. Die Verantwortung für Gewinne und Verluste bleiben beim Anleger, ganz gleich, welche Art von Geschäft er für sich aussucht. Der Vorteil der Kryptowährungen liegt einerseits in ihrer demokratischen Form und auf der anderen Seite darin, dass es sich um Innovationen handelt, die natürlich, sollten Sie dauerhaft erfolgreich sein, für die Pioniere die beste Möglichkeit bieten, Gewinne zu erzielen. Wenn Sie sich entscheiden, aktiv ins Geschäft mit Kryptowährungen einzusteigen, holen Sie Informationen ein und bleiben Sie in jedem Fall am Ball. Schon während der Entstehung dieses Buches hat sich der Markt verändert. Suchen Sie die geeignete Kryptowährung und den geeigneten Marktplatz aus, indem sie die Währung genau analysieren, und den Sinn der Firma dahinter verstehen und einschätzen. Hören Sie auf Ihren Bauch, aber schalten Sie den Verstand nicht aus.

Und nun zur Praxis:

Wo genau sind meine Coins aus den Kryptowährungen?

Sehr wichtig beim Umgang mit Kryptowährungen ist, dass man versteht, dass beim Senden und Empfangen von Kryptowährungen immer an eine eindeutige Adresse (Buchstaben-Zahlen Kombination) gesendet wird, und die Coins, dann genau dort hinter der Adresse abgelegt werden. Diese Adresse ist nicht mit einer Person oder Namen verbunden, sondern besteht nur aus der Adresse selbst. Darin befinden sich dann die Coins. Man kann beliebig viele Adressen in einer seiner Exchanges/Wallets erstellen, und Geld senden/empfangen.

Einkaufen, Verkaufen und Aufbewahren von Kryptowährungen

Exchanges:

Auf einem online Exchange kann man FIAT (Konventionelle Währung abgeleitet aus dem Lateinischen „Es werde") in Kryptowährungen tauschen. Meist nur in bestimmte, das hängt vom Anbieter des Exchanges ab.

Wissenswertes über Exchanges

- Es gibt einen Ansprechpartner, der die Plattform managed, welcher dann auch einen Support anbietet.

- Da es eine online Plattform ist, kann diese auch vorübergehend nicht erreichbar sein, da der Anbieter Wartungen etc. durchführt (in der Zeit kann nicht gekauft oder verkauft werden).

- Da es eine Gesellschaft ist, kann diese auch pleite gehen, und man verliert dadurch Teile oder das ganze Guthaben das auf dem Exchange liegt, da man evtl. nicht mehr ran kommt.

- Die Erstanmeldung an einem Exchange ist relativ kompliziert geworden. Man benötigt mehrere Verifizierungen, um sich persönlich dort zum Traden anzumelden. Ausweiskopie, Wohnnachweis, etc.

- Wenn das Exchange gut besucht ist (es gibt je Exchange Stosszeiten), ist eine Ausführung der Transaktionen oft nur nach mehrmaligem senden möglich (man bekommt nicht immer den Kurs, der gerade aktuell ist).

Bei Exchange Plattformen bitte immer selbst über Gebühren, Sicherheit, und welche Währungen man Traden kann informieren.

Einige Beispiele von größeren Exchanges:

Kraken.com, Bitcoin.de, Bitfinex.de, Etoro.com, Coinbase.com.

Empfehlung zu Exchanges:

Für Anfänger empfiehlt es sich mit ein wenig Testgeld, auf einem größeren Exchange wie z.b. Kraken.com oder Bitcoin.de zu beginnen. Zunächst die Anmeldung und danach die Verifizierung zum tauschen von FIAT Währung in Coins durchführen, um danach die ersten Coins oder Tokens zu kaufen.

Des Weiteren ist es in der Regel so, das ein Exchange hauptsächlich dazu genutzt wird, um FIAT Geld oder Kryptowährungen zu tauschen. Falls man größere Summen halten möchte, ist ein Wallet um einiges sinnvoller, da es viel sicherer ist. Man transferiert seine Exchange Währung dann an ein Wallet, welches die Währung aufbewahren kann.

Wallets

Eine Wallet (Geldbörse), dient dem Aufbewahren von Kryptowährungen. Sie wird eigentlich für größere Summen verwendet. Hier wird wieder in Software und Hardware Wallets unterschieden.

Software Wallets:

Diese Wallets werden auf dem Computer oder Smartphone installiert. Aber Achtung, nicht jede Wallet kann jede Währung halten, bitte vorher informieren, welche man hier benötigt. Viele neue Firmen am Markt, die Währungen ausgeben, haben Ihre eigene Wallet, in der man diese Währung dann aufbewahren kann. Vorsicht eine Software auf einem Computer ist immer noch anfällig für Hacker, da das System theoretisch ausgespäht werden, oder Passwörter abgegriffen werden können. Trotzdem werden die Software Wallets sicherer als ein Exchange angesehen.

Hardware Wallets:

Ist ein meist USB/MiniUSB Dongle, der an einem Computer angeschlossen werden kann. Die Hardware Wallet wird als maximal sicher angesehen, da hier nur wenn er eingesteckt ist, den Key zur Weiterleitung von Transaktionen übermitteln kann. Da es aber relativ aufwändig ist und Zusatzkosten mit sich bringt, lohnt es sich meist erst ab einer gewissen Wert an Coins, eine Hardware Wallet anzuschaffen.

Auch bei Hardware Wallets ist es wichtig, vorher zu wissen welche Währungen alle darin aufbewahrt werden sollen, denn auch hier kann nicht jedes Gerät alle Währungen.

Kurze Zusammenfassung:

Exchange zum tauschen von FIAT Geld in Kryptowährungen und Transaktionen ausführen, wenig Wert auf dem Exchange liegen lassen. Weniger Sicherheit.

Software Wallets ist zum Aufbewahren von größeren Beträgen, und durchführen von größeren Transaktionen gedacht. Mittlere Sicherheit.

Hardware Wallets sind zum sehr sicheren Aufbewahren und durchführen von Transaktionen gedacht. Mehr Sicherheit, mehr Aufwand.

Wert - Währungen und Charts

Man sollte sich ab und zu informieren, wie der Markt aktuell aussieht, und das macht man am besten bei unabhängigen Firmen, welche aktuelle Daten bereit halten.

- Aktuellen Marktwert eines Coins (Firma) – Market Cab

- Aktueller Coin Wert - Price

- Der Kurs Gewinn/Verlust der letzten Tage/Wochen in %

Diese beiden Portale bieten hier einen guten Überblick:

CoinCap.io, und Coinmarketcap.com

Prüfen, wie seriös eine Währung/Firma ist

Wie überall, wo Geld im Spiel ist, gibt es auch „SCAM" (Betrug: Personen oder Firmen die etwas versprechen, und das nicht halten können).

Diese SCAMS bauen auf Aussagen, die entweder bei tieferem Nachbohren nicht haltbar sind, oder es wird von einem zu hohen Wachstum ausgegangen, das nicht belegt oder nachvollzogen werden kann, wenn man genauer nachfragt.

Der SCAM kommt ans Tageslicht, wenn „die Kuh fett genug ist", was dann zu einem schnellen Abstoßen der Gesellschafter Coins oder Tokens führt, und die Kleinanleger leer ausgehen, da der Preis enorm gefallen ist.

Ein SCAM Coin/Token ist zunächst nicht unterscheidbar von einer seriösen Firma, deshalb bitte bei der ICO (Initial Coin Offering - ist die Erstausschüttung einer Währung, wenn eine Firma an den Markt geht), genau prüfen, ob die Firma besteht, die Geschäftspläne und Whitepapers auch etwas versprechen, das sich logisch nachvollziehbar und auch machbar anhört.

Auch die Personen die eine Gesellschaft auf Basis von Coins gründen, und sich dann durch die ICO finanzieren, sollten geprüft werden, denn einige sind in der Szene schon bekannt, dies öfter zu machen. Ein Indiz für etwas unlauteres ist meist wenig Zeit zur Entscheidung zu haben. Also bitte selbst prüfen, und niemandem glauben, der etwas irgendwo postet, oder bei einem Treffen irgendwelcher Art eine „lukrative Geldeinnahme" anpreist.

Vieles ist sicherlich real und echt, aber vergewissern Sie sich immer selbst.

Token oder Coin

Tokens oder Coins sind digital, also werden keine Münzen oder ähnliches verwendet.

Wenn eine Krypto-Gesellschaft an den Markt kommt, findet eine Token Sale oder ICO (Initial Coin Offering) Coin Ausschüttung statt, die dem Zweck dient in die Gesellschaft zu investieren, und der Firma liquide Mittel zur Verfügung zu stellen. Die Coins oder Tokens dienen als Zahlungsmittel und sind die Währung die von der Gesellschaft „erschaffen" wurde. Soweit werden Token und Coins gleich behandelt.

Zusätzlich wird aber bei manchen Tokens je nach Gesellschaft, der Tokenhalter für Gewinne die die Firma erzielt, an der Gewinnausschüttung beteiligt. So erhält der Tokenhalter zusätzliche Einnahmen, wenn die Firma Gewinne erzielt.

Mining

Mining ist das Coins schürfen, Transaktionen kryptografisch kalkulieren und schreiben. Nicht alle Coins werden auch gemined, nur die, die auf einer Blockchain basieren. Meiner Meinung nach, ist aktuell das Minig der großen Coins schon recht gut besetzt, aber man kann auch kleinere Coins minen. Prinzipiell ist Mining ein Thema, in welchem erst Wissen aufgebaut werden sollte, da der Gewinn nicht immer die Kosten deckt, und manche Mining Anbieter nicht seriös arbeiten, aber mehr dazu im späteren Kapitel.

Aber um Mining zu versehen, sollte erst etwas mehr Wissen über die Blockchain aufgebaut werden.

Die Blockchain ist mit einem Notizblock zu vergleichen, auf dem eine bestimmte Anzahl Transaktionen einer Kryptowährung innerhalb eines bestimmten Zeitfensters (10 Minuten bei Bitcoin) erfasst und geschrieben werden. Wenn der Block nach 10 Minuten fertig geschrieben ist, ist er unveränderbar. Die Blöcke bauen immer aufeinander auf, so das es unmöglich ist, eine Veränderung zwischen den Blöcken zu schreiben, ohne das es auffällt. Dieses Schreiben und Berechnen wird von den Minern getätigt. Beim erfolgreichen erstellen eines Blocks wird eine definierte Anzahl Coins erschaffen und kommt dem Miner/Pool zugute. Zusätzlich dazu erhält der Miner auch die Gebühren die je Transaktion, die in die Blockchain geschrieben wurde, angeboten wurden. Man muss Wissen, das jede Transaktion selbst mit einer Gebühr für den Miner versehen wird. Manche Wallets oder Exchanges machen dies selbst, mit einem Durchschnittswert, den man aber abändern kann. Bei zu wenig Gebühr kann es sein, dass man auf die Bestätigung der Transaktion sehr viele Blöcke wartet, da kein Miner die Transaktion mit der kleinen Gebühr annehmen möchte, solange es offene Transaktionen mit höheren Gebühren gibt.

Fullnodes

Ein Fullnode ist ein Verifizierungsknoten für Transaktionen in der Blockchain. Alle bisherigen Blöcke liegen auf dem Fullnode (140 GB aktuell bei Bitcoin). Er dient auch der Validierung der Ganzen Blockchain gegen Veränderungen oder Angriffe, denn alle Fullnodes verifizieren sich gegenseitig. Also desto mehr Fullnodes es gibt, desto sicherer ist das System.

Die Anzahl der Fullnodes ist auch von daher wichtig, das genügend Transaktionen verifiziert werden können. Die Fullnodes sind ein Instrument, um das System zu dezentralisieren.

Privat Mining

Man kann theoretisch mit seinem aktuellen Computer direkt mit dem minen beginnen. Jedoch benötigt man einen guten Rechenchip. Es gibt GPUs (Grafikkartenchips) oder auch CPU (Hauptplatinenchips), welche die nötige Rechenleistung bringen, um die komplexen Berechnungen in der Blockchain durchzuführen. Früher war es noch einfacher, aber die letzten Jahre haben die Komplexität weiter voranschreiten lassen, so das CPU Mining schon für einige Coins deaktiviert wurde, da es zu langsam ist. Sinn macht es mit einem guten Grafikchip, welche auch zum Gaming verwendet wird, die Berechnungen durchzuführen.

Zusätzlich sollte man bedenken, dass viel Platz auf der Festplatte benötigt wird, da beim privaten Blockchain Mining der ganze Index (Fullnode) auf dem Rechner liegen muss, welcher Mined.

z.b. aktuell rund 140 GB bei Bitcoin, stets steigend.

Die Energie ist neben der Hardware der Kostenfresser. Beim berechnen der Blockchain wird mit steigender Komplexität auch immer mehr Rechenleistung (Energie) benötigt.

Zum Minen kommt man relativ einfach und schnell, aber lukrativ ist es nur bedingt. Die größeren Coins sind eigentlich schon gut versorgt, von riesigen Miningpools.

Wenn man Glück hat kann man bei kleineren Coins, die mehr am Anfang stehen und die Komplexität noch nicht so hoch ist, ansetzten. Aber was man nicht außer Acht lassen darf, ist der Coin Wert den man Mined. Wenn der hoch genug ist, kann es sich auch wieder rentieren, lange auf einen Treffer zu warten.

Also ein Vergleich und eine Rentabilitätskalkulation lohnen sich.

Mining Pool

Ein Mining Pool ist eine Gesellschaft, die eine Plattform zum Minen bietet, auf der man mit seiner eigenen Hardware minen kann. Je nachdem, wie stark die Hardware ist, wird man am Ertrag des Pools beteiligt. Derzeit gibt es ungefähr 30-40 Mining Pools, welche die großen Coins unter sich aufteilen. Manche kleinen Coins haben noch Potential, und sind nicht komplett mit mega hashing Power überlaufen. Also abwägen wofür man seine Rechenleistung einsetzt.

Energie in China ist billig, deshalb kommen 80 % der Pools aus China, was aber kein Problem darstellt, da man sich auch zu Servern in die USA verbinden kann, um in die chinesischen Pools zu gelangen.

Bei Mining Pool fallen einige Dinge weg, die man beim Privat Mining tun muss, z.B. den Fullnode der vom Pool gestellt wird, auch organisatorisches fällt weg, da der Pool verwaltet wird.

Die Gebühren bei den Mining Pools differieren sehr, deshalb sollte man erst prüfen, wie erfolgversprechend der Pool ist, und wie hoch die Gebühren.

Cloud Mining

Beim Cloud Mining kann man sein Geld investieren, und der Cloud Mining Anbieter nutzt dieses Geld um in mehr Hardware zu investieren, und zu minen. Es gibt eine ungefähre Rendite, die versprochen wird. Natürlich auch Gebühren die anfallen. Letztendlich ist es ein gutes System, wenn die Wertsteigerungen so ausfallen, wie in der zugrunde gelegten Kalkulation.

Was ich als problematisch ansehe ist, dass man nie sicher sein kann wie viel die Cloud Miner auch wirklich minen, und ausschütten. Denn diese Modelle sind sehr oft auf Vertriebs-Provisionsbasis aufgebaut, und die meisten Einnahmen werden für Vertriebsprovisionen wieder ausgegeben.

Also bitte auch hier ganz genau nachschauen, andere Personen fragen ob es schon Ausschüttungen gab und der Cloud Miner auch wirklich existiert. Wie immer in der Cloud, weiß man nicht, wo die Dinge eigentlich passieren, und ob hier wirklich so profitabel gemined wird, wie angepriesen.

Berechnung beim Mining:

Berechnung :

Kosten: Hardwareanschaffung, + Energiekosten + (ggf. Mining Pool Gebühren) oder (Cloudmining Kosten + Gebühr)

Ertrag: (Ist nicht immer stabil, je nach Mining Pool und Coin)

Wert der Coins die man gemined hat + Gebühren Ertrag von den Transfers, die in der Blockchain geschrieben wurden, wenn man den Abschluss des Blocks kalkuliert hat. Denn es gewinnt nur der Mining Pool den Block, der den Abschluss des Hash als erster zu Ende kalkuliert.

Alle anderen Mining Pools oder Miner gehen leer aus, und haben umsonst berechnet.

Zusatzinfos zum Mining:

Es wird vermutet, das in naher Zukunft Transaktionen mit dem aktuellen Blockchain Protokoll, wie es Bitcoin verwendet zu Energie raubend werden.

Die Komplexität steigt, und die Anzahl der Transaktionen ebenso.

Ein Geschätzter Wert sind 222 Kilowattstunden je Transaktion in der Bitcoin Blockchain.

Wann und ob es gelingt die Blockchain weniger rechenintensiv zu gestalten bleibt die Frage. Aber auf lange sicht, wird ein Umbau notwendig werden.

Fork

In letzter Zeit gibt es immer wieder Forks, was im Prinzip auf eine Anpassung der Blockchain Protokolle zurückzuführen ist (Update). Dies ist z. B. eine Veränderung des Protokolls um die Blockgröße zu vergrößern, so das mehr Transaktionen in einem Block durchgeführt werden können. Oder die Anpassung des Protokolls bezüglich Verschlüsselung und Komplexität, und somit Geschwindigkeit. Die Forks können immer von den Usern (der User Software), User activated ausgehen oder von den Minern (Miner activated).

Es gibt Hard- oder Softforks

Ein **Softfork** bedeutet, das nach dem Update eine Abwärtskompatibilität bestehen bleibt, und die Miner / User dann mit der alten und der neuen Version auf der selben Blockchain arbeiten, bis irgendwann alle umgestiegen sind. Soft ist in diesem Fall ein kleineres (weicheres) Update.

Bei einem **Hardfork** sieht das dann schon anders aus, denn da wird zum Zeitpunkt X ein Update gefahren, und alle die bis dahin nicht mit geupdatet haben, bleiben in der alten Welt, die geupdateten Miner und User arbeiten dann in der neuen Welt, auf einem neuen System und auch auf einer neuen Blockchain, was einen neuen Coin mit sich bringt. Siehe z.b. Litecoin Abspaltung von Bitcoin.

Probleme bei Forks

Bei einem Fork, müssen die User oder Miner zustimmen, indem sie auf die neue Version updaten. Wenn die User, Exchanges, Miner nicht Updaten kann es sein das das Update nicht durchgeführt wird, und die alte Version bestehen bleibt. Was dann nachteilig für die Währung sein kann, da eine teschnische Verbesserung nicht durchgeführt wird.

Somit sind hier immer Interessenskonflikte mit im Boot, und die Community hat ein Wort mitzureden ob eine Verbesserung der Blockchain auch für alle der richtige Weg ist.

Letzte Worte und was ich Ihnen noch mitgeben will

Beginnen Sie mit ein wenig Spielgeld, und machen Sie sich vertraut, wie der Markt sich verhält. Nach Aufbau des Grundwissens und einlesen in die neuen Coins oder Tokens, kann dann auch bei ICO´s oder Token Sales mitmachen, wenn die Ziele und Personen einer Gesellschaft einschätzbar sind.

Denn im Prinzip ist es bei allen Start Ups in der Krypto Welt so, dass sie zunächst eine Idee verwirklichen wollen, und das fertige Produkt noch Monate / Jahre benötigt. Solange kann man nicht sagen, was hiervon funktioniert, und ob eventuell staatliche Bremsen, andere Anbieter oder Bankensysteme den Markt verändern. Die ganzen Markt Zahlen sind alle darauf gebaut, das Menschen

1. glauben hier ist ein Wert hinter der Firma, weil sie etwas bahnbrechendes erschaffen kann, oder

2. Spekulanten Geld in eine Gesellschaft pumpen, um im richtigen Moment mit Gewinn auszusteigen.

Schlusswort

Liebe Leserin, werter Leser,

vielen Dank, dass Sie dieses E-Book gelesen hast. Ich hoffe, dass Sie jetzt besser informiert sind und wünsche Ihnen viel Erfolg bei Ihren ersten Schritten mit Kryptowährungen. Ob sie der Durchbruch sind ist noch fraglich, aber der Hype darum ist enorm.

Das einzige was sicher ist, es wird Veränderungen im Währungs- und Bankensystem geben, aber was sich durchsetzt, kann noch niemand einschätzen.

Deshalb, investieren Sie nur was sich auch entbehren können.

Alle infos im Buch sind Stand November 2017.

Urheberrechte

Die Inhalte dieses Werkes unterliegen dem deutschen Urheberrecht. Die Vervielfältigung, Bearbeitung, Verbreitung und jede Art der Verwertung außerhalb der Grenzen des Urheberrechtes bedürfen der schriftlichen Zustimmung des jeweiligen Autors bzw. Erstellers. Downloads und Kopien dieser Seite sind nur für den privaten, nicht kommerziellen Gebrauch gestattet.